위대한 여성들의
위대한 언어

영어연설 베껴쓰기

위대한 여성들의 위대한 언어_영어연설 베껴쓰기

발 행 | 2019년 1월 30일
저 자 | 김진
펴낸이 | 한건희
펴낸곳 | 주식회사 부크크
출판사등록 | 2014.07.15.(제2014-16호)
주 소 | 경기도 부천시 원미구 춘의동 202 춘의테크노파크
2단지 202동 1306호
전 화 | 1670-8316
이메일 | info@bookk.co.kr

ISBN | 979-11-272-5980-8

www.bookk.co.kr

위대한
여성들의
위대한
언어

김진 엮음

CONTENT

영어를 연설로 배우면 좋은 이유!

1 정제된 깔끔한 문장, 고급 표현

우리가 일상에서 말을 할 때는 생각의 흐름에 의존하기 때문에 두서없기도 하고 주제가 왔다갔다 하기도 합니다. 그런데 연설은 처음부터 끝까지 하나의 목적에 초점을 맞춰 말을 합니다. 그 목적을 가지고 정성을 들여 다듬고 다듬은 것이 연설이죠. 특히 대통령이나 기업 리더들의 연설은 그 정성, 전문성이 최고 수준이라고 할 수 있습니다. 그 안에 담긴 문장은 군더더기 없고 깔끔하게 정제된 세련된 고급 표현입니다. 쉽게 말하기로 유명한 연설가들도 있죠. 그런 쉬운 문장도 쉽게 쓰여진 것이 아닙니다. 연설문의 문장들은 한문장 한문장 버릴 것이 없다고 보면 됩니다.

2 스피킹 스킬의 진수, 연설문

연설은 목적이 있다. 청중을 감동시키거나 설득하기 위한 목적을 가지고 진행되기 때문에 이를 달성하기 위한 최대한의 스킬이 총동원됩니다. 스피킹의 결정체라고 할 수 있습니다. 때로는 강조를 하고, 예시를 들고, 논거를 가져다 대기도 하죠. 그리고 심지어는 말을 멈추고 청중과 눈을 마주침으로써 주의를 집중시키기도 합니다. 때로는 목소리를 힘껏 높이기도 하지만, 추모의 연설에서는 희생자의 이름을 한명 한명 부르기도 합니다. 긴 말이 아니지만 최고의 집중을 유도합니다. 이러한 스피킹의 최고 수준의 기술이 집약되어 있습니다.

3 메시지의 감동

메시지가 없는 말은 그냥 수다이거나 소리일 뿐입니다. 연설문에는 연설자가 전달하고자 하는 메시지가 들어 있습니다.

직설적으로 전달되기도 하고, 문장 사이 사이에 숨겨져 있을 수도 있습니다. 그러나 연설을 다 듣고 나면 그 메시지를 되짚어보지 않을 수 없게 되죠. 그렇게 되는 것이 좋은 연설입니다.

이 책이 선택한 연설은 이유가 있다

간혹 연설을 못하는 대통령이라고 평가되는 사람들도 있고 연설이 아니라 독설이라고 폄하되는 사람도 있습니다. 연설문이라고 모두 훌륭한 것은 아닙니다. 그렇기 때문에 선택이 중요합니다. 메시지와 문장이 좋은 연설, 연습하기 좋은 스피커(연설자)를 선택해야 합니다. 어떤 연설은 스피커의 목소리가 또는 발음이 따라 하기에 적절하지 않을 때도 있습니다. 속도가 너무 빠르다거나 특정 지역의 사투리 발음이 심해서 따라서 연습할 만한 가치가 떨어질 수도 있습니다. 그런 것들을 감안해 고르고 고른 연설만 실었습니다.

연설문 선택 기준
1 역사적 의미/중요성
2 스피커의 뛰어난 전달력
3 발음, 속도, 억양, 태도
4 메시지의 전달력

세상이 사랑하는 그녀들의
영어연설을 필사하는 즐거움

오프라 윈프리, 미셸 오바마 전 영부인, 힐러리 클린턴 민주당 대선 주자, 강경화 외교부 장관 같은 여성들은 시대의 아이콘입니다. 그들의 영향력은 비단 여성에게만 국한된 것이 아니라 시대의 정신을 보여주는 현상이기도 합니다.
사람들이 이들을 여성이라 하지만 이는 그들을 가두는 유리천장이 되지 못함을 잘 압니다.
이제 우리가 그들을 가두려 했던 그 유리 천장을 뚫고 우리 안에 가둔 자신을 위대하게 만들 수 있기를 바랍니다. 그녀들이 내뱉은 한마디 한마디를 써보는 의미가 거기에 있다 하겠습니다.

연설문을 필사라는 행위를 통해 더욱 적극적으로 음미하고 기억에 오래 남겨보세요.

아무 생각 없이 부담 없이 소일거리로 시작할 수 있는데 쓰면서 저절로 마음이 정리되는 가운데 어느 순간 써내려 가는 글자 한자한자, 텍스트의 의미에 집중하게 됩니다. 그런 것이 바로 필사의 매력이 아닐까 합니다.

이런 필사의 맛을 인생에서 꼭 한번은 봐야 한다는 영어연설을 필사하면서 그 본래의 의미를 깊이 느껴보세요.

* 영어연설문은 필요에 따라 전문 또는 발췌해 실었습니다.

위대한 발자취를 남긴,
여전히 진행중인
그녀들

Great Women's Speech

오프라 윈프리

스탠포드대학교 연설

So lesson one, follow your feelings.

If it feels right, move forward, if it doesn't feel right, don't do it.

Now I wanna talk a little bit about failings, because nobody's journey is seamless or smooth

첫 번째 교훈은, 마음을 따르라는 것입니다.

옳다고 생각되면 밀어붙이고 그렇지 않다면 하지 마세요.

이제 실패에 대해 말씀을 드릴게요.

그 누구의 삶도 흠집 없고 실수가 없을 수는 없으니까요.

We all stumble. We all have set backs.
If things go wrong, you hit a dead-end, as
you will,
it's just life's way of saying, time to change
a course.

우리는 모두 비틀거리며 시련을 당합니다.
일이 잘못되어 막다른 골목에 이르기도 합니다.
그때가 바로 인생의 방향을 바꿀 때가 되었다는
뜻이에요

So ask every failure — this is what I do.

Every failure, every crisis, every difficult time, I say, what is this here to teach me? And as soon as you get the lesson, you get to move on.

그러니 모든 실패들에 물어보세요, 저는 그렇게 해요.

모든 어려움, 고난, 힘든 시기에 저는 '이 시기가 지금 나에게 무엇을 가르쳐주려는 것일까?'라고 물어봅니다.
그렇게 해서 교훈을 얻으면 앞으로 나아갈 수 있습니다.

If you really get the lesson, you pass and you don't have to repeat the class.

If you don't get the lesson, it shows up where another pair of pants or skirt to give you some remedial work.

And what I've found is that difficulties come when you don't pay attention to, lifes whisper,

진정한 교훈을 얻게 되면 여러분은 그 고난을 이수한 것이므로 다시 그 수업을 들을 필요가 없습니다.

교훈을 얻지 못하면, 다른 일들이 드러납니다. 여러분에게 개선할 과제를 주기 위해서 말이죠 그리고 난관은 여러분이 인생의 속삭임에 관심을 기울이지 않을 때 온다는 걸 알게 되었죠.

because life's always whispers to you first.
And if you ignore the whisper, sooner or
later, you'll get a scream.
Whatever you resist persists,

인생은 항상 먼저 살짝 알려주기 때문입니다.
그때 그 속삭임을 무시하면 언젠가는 그것이 외
침으로 돌아옵니다.
여러분이 저항이 지속되더라도 말이죠.

But if you ask the right question, not "Why is this happening" but "What is this here to teach me?"
"What is this here to teach me?"
It puts you in the place and space to get the lesson you need.

하지만 옳은 질문을 한다면 말이죠.
'왜 나한테 이런 일이 생기는가'가 아닌 '이것이 나에게 지금 무엇을 가르쳐주는가'라고 묻는다면 말이죠.
"이것은 지금 나에게 무엇을 가르쳐주고 있는가?"
그러면 여러분이 필요로 하는 교훈을 얻을 수 있습니다.

The lesson here is clear.

And that is, if you're hurting, you need to help somebody ease their hurt.

If you are in pain, help somebody else's pain.

And when you are in a mess, you get yourself out of the mess helping somebody out of theirs.

여기서 교훈은 명확합니다.

그리고 그것은 말이에요, 상처 받았을 때 다른 사람의 상처를 치료할 수 있게 도와주세요.

고통 받고 있을 때 다른 사람의 고통을 덜어주세요.

곤경에 처해 있을 때 거기서 나와서 다른 사람도 그들의 곤경으로부터 나올 수 있게 도와주세요.

And in the process, you get to become a member of, what I calll, The Greates Fellowship of All:
The sorority of compassion and the fraternity of service.

그리고 그 과정에서 여러분은 제가 소위 말하는 '우리 모두의 위대한 동반자' 클럽의 일원이 될 것입니다.
따뜻한 마음을 가진 여학생 사교 클럽이죠.

I know this for sure that doing good actually makes you better.
So whatever fields, you choose. if you operate from the paradigm of service, I know your life will have more value. and you'll be happy.

좋은 일은 함으로써 여러분은 발전한다고 확실히 말씀드릴 수 있어요.
그러니 어떤 분야를 선택하든 도와주고자 하는 정신으로 행동한다면 여러분의 삶은 분명 더 가치 있을 것이며 행복할 것입니다

And I know you haven't spent all this time in Stanford just to go out and get a job.
So you've been enriched in countless ways.
There's no better ways to make your mark on the world than to share the abundance with others.

여러분이 단지 졸업해서 직장을 구하기 위해 스탠포드에서 이런 시간들을 보낸 것이 아니라는 것을 압니다.
그래서 여러분은 다방면으로 풍성해졌습니다.
그런 풍족함을 다른 사람과 나누는 것만큼 이 세상에 뚜렷한 족적을 남기는 방법은 없습니다.

You have the hearts and the smarts to go with it.

And it's up to you to decide, really.

Where will you now use those gifts?

You've got the diploma, so go out and get the lessons, 'cause I know great things are sure to come.

여러분은 따뜻한 가슴과 동시에 냉철한 지성을 가지고 있습니다.

그리고 이제 선택은 여러분의 몫입니다.

이제 이러한 재능을 어디에 사용하겠습니까?

이제 여러분은 졸업장을 받았고 그러니 나가서 교훈을 얻으세요.

왜냐하면 반드시 위대한 일이 여러분에게 다가올 것을 저는 알기 때문입니다.

미셸 오바마

Speech at the Democratic
National Convention
클린턴 민주당 대선후보 지지 연설

Our motto is, when they go low, we go high Thank you all. Thank you so much.

You know, it's hard to believe that it has been eight years since I first came to this convention to talk with you about why I thought my husband should be president.

우리의 모토는 그들이 저급하게 굴 때 오히려 우리는 품위 있게 행동해야 한다는 것이거든요. 여러분 고맙습니다. 정말 고맙습니다.

제 남편이 대통령이 되어야 하는 이유를 말씀 드리기 위해 이 전당대회 자리에 처음 섰던 게 벌써 8년 전이라는 게 믿기지 않습니다.

Remember how I told you about his character and convictions, his decency and his grace, the traits that we've seen every day that he's served our country in the White House?

I also told you about our daughters, how they are the heart of our hearts, the center of our world. And during our time in the White House, we've had the joy of watching them grow from bubbly little girls into poised young women, a journey that started soon after we arrived in Washington.

그의 성격과 신념에 대해, 그의 품격과 품위, 그리고 그가 백악관에서 이 나라를 위해 봉사를 하면서 우리가 함께 봐왔던 여러 특징적인 일들에 대해 제가 뭐라고 말씀 드렸는지 기억나시나요?

또 제 딸들에 대해서도 말씀 드렸었죠. 그들이 얼마나 우리의 마음 깊숙이 존재하는지, 또 우리 부부의 삶 중심에 존재하는지를요. 백악관에서의 시간 동안 그들이 명랑한 소녀에서 진중한 여성들로 자라나는 것을 보며 정말 행복했습니다. 워싱턴에 도착해서 말이죠.

When they set off for their first day at their new school, I will never forget that winter morning as I watched our girls, just 7 and 10 years old, pile into those black SUVs with all those big men with guns.

그 아이들이 새 학교에 처음 등교했던 그 날로부터, 어느 겨울날 아침, 전 일곱 살, 열 살 난 우리 딸들이, 총을 가진 커다란 남자들이 탄 검은 SUV로 달려 들어가는 모습을 보고 있었던 것을 결코 잊지 못할 거예요.

And I saw their little faces pressed up against the window, and the only thing I could think was, what have we done? See, because at that moment I realized that our time in the White House would form the foundation for who they would become and how well we managed this experience could truly make or break them.

그 아이들은 작은 얼굴을 창문에 바짝 가져다 대고 있었죠. 그때 제가 생각할 수 있는 건 하나뿐이었어요. "우리가 무슨 짓을 저지른 거지?" 그래요, 그 때, 나는 백악관에서의 시간들이 그 아이들이 어떤 사람이 될지 결정하는 토대가 될 것임을, 이 경험을 어떻게 잘 관리해나가느냐 하는 것이 이 아이들을 발전시킬 수도 아니면 망쳐버릴 수도 있단 것을 깨달았던 거에요.

That is what Barack and I think about every day as we try to guide and protect our girls through the challenges of this unusual life in the spotlight, how we urge them to ignore those who question their father's citizenship or faith. How we insist that the hateful language they hear from public figures on TV does not represent the true spirit of this country.

버락과 제가 우리 딸들을 세상의 관심을 받는 상태에서의 비일상적인 생활 속에서도 이끌어주고 또 보호하려 노력하면서 매일같이 생각해왔던 것이에요. 어떻게 그들이 아버지의 시민권이나 종교에 대해 의문을 제기하는 사람들을 무시하고 지나갈 수 있게끔 할수 있을까? 어떻게 TV에서 공공연히 들리는 혐오 발언이 이 나라의 진정한 정신을 대변하지 않음을 말해줄 수 있을까?

How we explain that when someone is cruel or acts like a bully, you don't stoop to their level. No, our motto is, when they go low, we go high. With every word we utter, with every action we take, we know our kids are watching us. We as parents are their most important role models.

어떻게 누군가가 무자비하게 타인을 괴롭힐 때, 그와 같은 수준으로 비열해져서는 안 된다는 것을 말이지요. 우리의 모토는 그들이 저급하게 굴 때 오히려 우리는 품위 있게 행동해야 한다는 것이거든요. 우리 아이들이 우리가 하는 모든 말들과, 모든 행동들을 보고 있다는 사실을 알고 있어요. 부모로서 우리는 그들의 가장 중요한 역할 모델이죠.

And let me tell you, Barack and I take that same approach to our jobs as president and first lady because we know that our words and actions matter, not just to our girls, but the children across this country, kids who tell us I saw you on TV, I wrote a report on you for school.

버락과 저는 대통령과 영부인으로서도 같은 접근을 하고 있다고 말씀 드리고 싶군요. 우리의 말과 행동들은 비단 우리 딸들뿐 아니라, 이 나라의 모든 아이들에게 영향을 끼치니까요. TV에서 당신들을 봤다, 학교에서 당신에 대한 리포트를 썼다고 말하는 아이들 말하죠.

Kids like the little black boy who looked up at my husband, his eyes wide with hope and he wondered, is my hair like yours?

And make no mistake about it, this November when we go to the polls that is what we're deciding, not Democrat or Republican, not left or right. No, in this election and every election is about who will have the power to shape our children for the next four or eight years of their lives.

남편에게 내 머리도 아저씨 머리랑 똑같냐고 물어보던 바로 그 때 그 희망으로 눈이 초롱초롱했던 흑인 꼬마 소년처럼 말이죠.

실수해선 안 됩니다. 다가오는 11월에, 우리가 투표소에서 결정해야 할 건 민주당이냐 공화당이냐, 좌파냐 우파냐 하는 것이 아닙니다. 아닙니다, 이번 선거는, 또한 모든 선거는, 다가올 4년, 혹 8년의 시간 동안 누가 우리 아이들의 모습을 빚어갈 힘을 갖게 될지를 결정합니다.

And I am here tonight because in this election there is only one person who I trust with that responsibility, only one person who I believe is truly qualified to be president of the United States, and that is our friend, Hillary Clinton.

그리고 이번 선거에서, 그런 책임에 있어 저는 단 한 사람만을 신뢰하기에, 단 한 사람만이 미국의 대통령으로서 자격이 있다는 것을 믿기에 이 자리에 섰습니다. 우리의 친구, 힐러리 클린턴입니다.

That's right. See, I trust Hillary to lead this country because I've seen her lifelong devotion to our nation's children, not just her own daughter, who she has raised to perfection… but every child who needs a champion, kids who take the long way to school to avoid the gangs, kids who wonder how they'll ever afford college, kids whose parents don't speak a word of English, but dream of a better life, kids who look to us to determine who and what they can be.

그렇습니다. 저는 이 나라를 이끌어갈 사람으로서 힐러리를 신뢰합니다. 그는 평생을 이 나라의 아이들을 위해 헌신해왔습니다. 훌륭하게 양육해낸 그 자신의 딸뿐 아니라, 대변자를 필요로 하는 모든 아이들을 위해서 말입니다. 갱단을 피해 긴 거리를 돌아서 학교에 가야 하는 아이들, 대학에 갈 형편이 될지를 걱정하는 아이들, 부모님이 영어는 쓸 줄 몰라도 더 나은 삶이란 꿈을 가진 아이들, 스스로 어떤 존재가 될 수 있는지를 결정하기 위해 우리를 바라보고 있는 아이들을 위해서 말입니다.

You see, Hillary has spent decades doing the relentless, thankless work to actually make a difference in their lives… advocating for kids with disabilities as a young lawyer, fighting for children's health care as first lady, and for quality child care in the Senate.

아시다시피, 힐러리는 수십 년간 그들의 삶에 진짜 변화를 일으키기 위해 보상받기 힘든 일을 끈질기게 계속해왔습니다. 젊은 변호사로서 장애 아동들을 변호해왔죠. 영부인으로서 아이들의 건강보험 문제를 위해, 상원의원으로서 더 나은 아동 보육 제도를 위해 싸웠습니다.

And when she didn't win the nomination eight years ago, she didn't get angry or disillusioned. Hillary did not pack up and go home, because as a true public servant Hillary knows that this is so much bigger than her own desires and disappointments.

So she proudly stepped up to serve our country once again as Secretary of State, traveling the globe to keep our kids safe.

8년 전 그는 후보로 지명되지 못했지만, 화를 내거나 포기하지 않았습니다. 힐러리는 짐을 싸서 집으로 돌아가지 않았습니다. 진정한 공인으로서, 힐러리는 그것이 자신의 개인적인 열망이나 실망보다 훨씬 큰 것임을 알고 있었기 때문입니다.

그래서 그는 다시금 자랑스럽게 앞으로 나와 국무장관으로서 이 나라에 봉사했으며, 우리의 아이들을 안전하게 지키기 위하여 세계를 돌아다녔습니다.

And look, there were plenty of moments when Hillary could have decided that this work was too hard, that the price of public service was too high, that she was tired of being picked apart for how she looks or how she talks or even how she laughs. But here's the thing.

What I admire most about Hillary is that she never buckles under pressure. She never takes the easy way out. And Hillary Clinton has never quit on anything in her life.

그리고 보십시오, 업무가 과중하다, 공직에 봉사하는 대가가 너무 크다, 외모가 어떻고 말하는 게 어떻고, 심지어 웃는 게 어떻고 하며 조목조목 비판당하는 게 너무 피곤하다 할 순간들이 힐러리에게 얼마나 많았었는지를요.

제가 힐러리를 가장 존경하는 점은, 그가 결코 그런 압력에 굴하지 않았다는 것입니다. 그는 결코 쉬운 길을 선택하는 일이 없었습니다. 힐러리 클린턴은 그의 삶에서 그 어떤 것으로부터도 결코 도망치지 않았습니다.

And when I think about the kind of president that I want for my girls and all our children, that's what I want.

I want someone with the proven strength to persevere, someone who knows this job and takes it seriously, someone who understands that the issues a president faces are not black and white and cannot be boiled down to 140 characters.

제가 제 딸들과 또 모든 아이들을 위해 필요한 대통령상에 대해 생각할 때, 바로 그것이 제가 원하는 것입니다. 전 굴하지 않을 검증된 힘을 가진 사람을 원합니다. 대통령의 일에 대해 잘 알고 또 진지하게 수행할 사람, 대통령이 마주할 문제란 흑백 논리로 재단할 수 없으며, 140자로 압축할 수도 없다는 것을 이해하는 사람을요.

Because when you have the nuclear codes at your fingertips and the military in your command, you can't make snap decisions.
You can't have a thin skin or a tendency to lash out. You need to be steady and measured and wellinformed.

당신의 손가락 끝에 핵무기 코드가 있고 당신에게 군 지휘권이 있다면, 결코 섣불리 결정을 내려서는 안 되겠죠. 민감하거나 과격해서는 안 될 것이고요. 침착하고 신중하며 많은 정보를 꿰고 있어야 해요.

I want a president with a record of public service, someone whose life's work shows our children that we don't chase fame and fortune for ourselves, we fight to give everyone a chance to succeed.

And we give back even when we're struggling ourselves because we know that there is always someone worse off. And there but for the grace of God go I.

전 대중을 위해 봉사해온 이력이 있는 대통령을 원합니다. 그가 해왔던 일들이 우리의 아이들에게, 우리가 자신의 명예와 부만을 추구하지 않았고, 모두가 함께 성공할 기회를 갖기 위해 싸우고 있음을 증명할 사람이요.

우리가 힘들 때조차도, 우리보다 힘든 사람이 있음을 알기에, 신의 은총이 없었다면 나 또한 그리 될 수 있었음을 알기에, 우리가 가진 것을 나눌 것임을 증명할 사람을요.

I want a president who will teach our children that everyone in this country matters, a president who truly believes in the vision that our Founders put forth all those years ago that we are all created equal, each a beloved part of the great American story.

전 우리의 아이들에게, 이 나라의 모든 사람들이 중요하단 걸 가르쳐줄 수 있는 대통령을 원합니다. 우리의 건국자들이 추구해온 이상을 진실로 믿는 대통령을요. 우리는 모두 평등하게 창조되었고, 위대한 미국 역사의 중요한 구성원이라는 것을 말입니다.

And when crisis hits, we don't turn against each other. No, we listen to each other, we lean on each other, because we are always stronger together.

And I am here tonight because I know that that is the kind of president that Hillary Clinton will be. And that's why in this election I'm with her.

위기가 닥쳤을 때도, 우리는 서로에게 등을 돌리지 않을 것이라는 걸 말입니다. 우리는 서로에게 귀 기울일 겁니다. 서로에게 기댈 것입니다. 우린 늘 함께 했을 때 더 강하니까요. 그리고 저는 힐러리 클린턴이 바로 그런 대통령이 될 것임을 알고 있기에, 이번 선거에 그녀와 함께 섰습니다.

You see, Hillary understands that the president is about one thing and one thing only, it's about leaving something better for our kids.

That's how we've always moved this country forward, by all of us coming together on behalf of our children, folks who volunteer to coach that team, to teach that Sunday school class, because they know it takes a village.

아시다시피, 힐러리는 대통령이란 자리는 하나, 유일한 단 하나를 위한 자리임을 알고 있습니다. 그것은 우리의 아이들에게 더 나은 무언가를 물려주는 것입니다. 우린 늘 그렇게 이 나라를 진보시켜왔습니다. 우리 모두가 함께 우리 아이들을 키워왔습니다. 스포츠 팀을 지도하고, 일요일 주일학교를 가르치기 위해 자원봉사에 나섰죠. 왜냐하면 많은 사람들의 도움이 필요하다는 사실을 그들은 알고 있으니까요.

Heroes of every color and creed who wear the uniform and risk their lives to keep passing down those blessings of liberty, police officers and the protesters in Dallas who all desperately want to keep our children safe, people who lined up in Orlando to donate blood because it could have been their son, their daughter in that club.

인종과 종교를 불문하고, 자유라는 은총을 물려주기 위해 유니폼을 입고 생명의 위협을 무릅쓰는 영웅들이 있었습니다. 달라스의 경찰관들과 시위대들은 모두 우리 아이들의 안전을 필사적으로 지키려 했습니다. 올랜도에서 사람들은 그 클럽에 있던 것이 자신의 아들딸일 수도 있었음을 알았기에, 헌혈을 위해 줄을 늘어섰습니다.

Leaders like Tim Kaine… who show our kids what decency and devotion look like.

Leaders like Hillary Clinton who has the guts and the grace to keep coming back and putting those cracks in that highest and hardest glass ceiling until she finally breaks through, lifting all of us along with her.

팀 케인과 같은 지도자들은, 품위와 헌신이 무엇인지를 우리 아이들에게 보여주었습니다. 힐러리 클린턴과 같은 지도자들은, 담대하고도 영예롭게, 가장 높고 단단한 유리 천장에 계속 돌진하여 균열을 내 왔습니다. 비로소 유리천장을 깨고 우리 모두를 끌어올려주었죠.

That is the story of this country, the story that has brought me to this stage tonight, the story of generations of people who felt the lash of bondage, the shame of servitude, the sting of segregation, but who kept on striving and hoping and doing what needed to be done so that today I wake up every morning in a house that was built by slaves.

이것이 바로 이 나라의 이야기입니다. 오늘밤 저를 이곳으로 이끈 이야기입니다. 여러 세대에 걸쳐 속박의 아픔, 노예생활의 치욕, 분리 차별의 고통을 겪었으나, 투쟁하고 소망하기를 멈추지 않았으며 필요한 일들을 해왔던 이야기입니다.

And I watch my daughters, two beautiful, intelligent, black young women playing with their dogs on the White House lawn.

And because of Hillary Clinton, my daughters and all our sons and daughters now take for granted that a woman can be President of the United States.

그랬기 때문에 오늘 저는 매일 아침 노예들에 의해 세워진 집에서 일어납니다. 그리고 제 딸들, 두 명의 아름답고 지적인 흑인 여성들이, 백악관의 잔디밭에서 강아지들과 노는 것을 바라봅니다.

그리고 힐러리 클린턴 덕분에, 제 딸들은, 우리의 모든 아들들과 딸들은, 여성도 미국의 대통령이 될 수 있음을 당연하게 여기게 되었습니다.

So, look, so don't let anyone ever tell you that this country isn't great, that somehow we need to make it great again. Because this right now is the greatest country on earth! And as my daughters prepare to set out into the world,

그러니, 누군가가 이 나라가 위대하지 않으며, 다시 위대하게 만들어야 한다고 말하지 못하게 하세요. 왜냐하면 바로 지금, 이곳은, 세상에서 가장 위대한 나라이니까요. 제 딸들은 세상으로 나갈 준비를 하고 있습니다.

I want a leader who is worthy of that truth, a leader who is worthy of my girls' promise and all our kids' promise, a leader who will be guided every day by the love and hope and impossibly big dreams that we all have for our children.

So in this election, we cannot sit back and hope that everything works out for the best. We cannot afford to be tired or frustrated or cynical.

제 딸들과 우리의 모든 아이들을 위한 약속에 어울리는 지도자를 원합니다. 매일을 사랑과 소망과, 우리 모두의 자녀들을 위한 큰 꿈에 의해 인도 받을 지도자를 원합니다.

그러니 이번 선거에서, 우리는 가만히 앉아 모든 것이 제대로 잘 되기를 바랄 수는 없습니다. 피곤해하고, 좌절하고, 냉소적으로 굴 여유가 없습니다.

No, hear me. Between now and November, we need to do what we did eight years ago and four years ago. We need to knock on every door, we need to get out every vote, we need to pour every last ounce of our passion and our strength and our love for this country into electing Hillary Clinton as president of the United States of America! So let's get to work. Thank you all and God bless.

전 바로 그런 진실에 합당한 지도자를 지금부터 11월까지, 우리는 8년 전, 그리고 4년 전 했던 일을 다시금 해내야 합니다. 모든 문을 두드려야 합니다. 모두 투표를 하도록 해야 합니다. 열정과 힘, 이 나라를 향한 사랑의 마지막 한 방울까지 모두 쏟아내어 힐러리 클린턴을 미합중국의 대통령으로 뽑아야 합니다. 자, 일을 시작합시다. 모두 고맙습니다. 하나님의 축복이 있기를.

힐러리 클린턴

2016년 미국 민주당
대통령 후보 지명
수락 연설

Tonight, we've reached a milestone in our nation's march toward a more perfect union: the first time that a major party has nominated a woman for President.

After all, when there are no ceilings, the sky's the limit.

오늘밤, 우리는 더 완벽한 국가를 향한 우리의 행진에 있어 중요한 시점에 이르렀습니다.

다수 정당이 처음으로 여성을 대통령 후보로 지명한 것입니다.

마침내 천장을 거둬내면, 저 높은 하늘이 남을 뿐입니다.

Our country's motto is e pluribus unum: out of many, we are one.

Will we stay true to that motto? Well, we heard Donald Trump's answer last week at his convention.

He wants to divide us from the rest of the world, and from each other. Donald Trump says, and this is a quote, "I know more about ISIS than the generals do…"

우리 나라의 모토는 "에 플루리부스 우눔" 즉 "여럿으로 이루어진 하나"입니다.

그 모토에 충실할 수 있을까요? 음, 지난주 우리는 (공화당) 전당대회에서 도널드 트럼프의 답변을 들었습니다. 그는 우리를 분열시키고 싶어합니다.

세계로부터, 그리고 서로로부터 말입니다. 도널드 트럼프는 이렇게 말합니다. "난 장군들보다 ISIS에 대해 잘 압니다."

No, Donald, you don't. You really think Donald Trump has the temperament to be Commanderin-Chief? Donald Trump can't even handle the rough-and-tumble of a presidential campaign.

He loses his cool at the slightest provocation; when he's gotten a tough question from a reporter, when he's challenged in a debate, when he sees a protestor at a rally.

아니요, 도널드, 당신은 몰라요. 도널드 트럼프가 군통수권자로서의 자질을 갖고 있다고 생각하십니까? 도널드 트럼프는 대통령 선거 운동에서 생기는 소란도 다룰 줄 모릅니다. 사소한 자극에도 냉정함을 잃습니다. 기자에게 난처한 질문을 받았을 때, 토론회에서 이의 제기를 받았을 때, 집회에서 반대파들을 만났을 때 말입니다.

Imagine, if you dare, imagine him in the Oval Office facing a real crisis. A man you can bait with a tweet is not a man we can trust with nuclear weapons.

Yes, the world is watching what we do. Yes, America's destiny is ours to choose. So let's be stronger together, my fellow Americans! Let's look to the future with courage and confidence.

그가 대통령 집무실에서 진짜 위협에 맞닥뜨렸다 생각해보세요. 트윗 한 줄로도 화를 내게 할 수 있는 사람은 믿고 핵무기를 맡길 수 있는 사람이 아닙니다.

그렇습니다. 세계가 우리가 하는 일을 지켜보고 있습니다. 그렇습니다, 미국의 운명은 우리의 선택에 달렸습니다. 친애하는 국민 여러분, 함께 강해집시다! 용기와 자신감으로 미래로 나아갑시다.

Let's build a better tomorrow for our beloved children and our beloved country. And when we do, America will be greater than ever. Thank you and may God bless you and the United States of America!

사랑하는 자녀들과 국가를 위해 더 나은 내일을 건설합시다. 우리가 그렇게 할 때 미국은 어느 때보다 위대해질 것입니다. 감사합니다. 하나님의 축복이 당신과 미국에 함께 하기를! (주: 여성의 사회 진출을 막는 보이지 않는 장벽을 일컬어 '유리 천장'이라고 부른다.)

강경화

Kang Kyung-wha Minister of Foreign Affairs
Camp Red Cloud 25 June 2017

강경화 외교부 장관, 미2사단 방문 영어 연설

Indian Head Warriors! Gentleman and Ladies! I hope a very good Sunday morning for all of you.

It is a great privilege and honor for me to meet with you this morning — freedom fighters defending the frontlines of the free world.

Indeed, I am deeply honored to visit the division which came first to our help during the Korean War.

인디언 헤드 전사 여러분! 안녕하세요!

여러분 모두에게 좋은 일요일이 되기를 바랍니다.

저는 자유세계의 최전선을 방어하는 자유의 수호자인 여러분들을 만나게 되어 크나큰 영예입니다.

한국전쟁 당시 우리를 도우러 가장 먼저 한국에 온 2사단을 방문한 것은 저에게 실로 큰 영광입니다.

It was the spearhead of the 8th United States Army that broke through the siege in Nakdong River Defense Line and pushed all the way north.

And today, 2ID is the only U.S. Army division unit that is permanently forward deployed in the world.

My heartfelt congratulations as you mark your centennial birthday.

미8군의 선봉에 서서, 낙동강 방어선을 둘러싼 포위망을 뚫고 북쪽으로 전진했습니다.

그리고 오늘날, 2사단은 전 세계에 상시 전진 배치되어 있는 유일한 미 육군 사단급 부대입니다.

저는 미 2사단 창설 100주년을 진심으로 축하드립니다.

On behalf of the Government and people of the Republic of Korea, I express our most sincere appreciation to all members of the U.S. Forces in Korea.

We are truly grateful for your selfless service, sacrifice and dedication.

I also thank particularly Lieutenant General Vandal of the 8th United States Army and Brigadier General Kim, Deputy Commander of the 2ID/RUCD.

대한민국 정부와 국민들을 대표하여, 주한 미군 장병 모든 분께 진정한 감사를 전합니다.

우리는 진정으로 여러분들의 사심 없는 봉사, 희생, 헌신에 감사합니다.

특히 미8군 사령관 반달 중장님과 미2사단 및 한미연합사단 부사단장 김태업 준장님께 감사드립니다.

I am aware that my Sunday visit might have caused some extra work on this Sunday morning as you probably had to police the area.

But the visit today is to remember today of 67 years ago when the Korean War broke out.

That was also a Sunday.

제가 일요일에 방문하게 되어 부대 주변을 청소하고 정리하시느라 일요일 아침에 추가적인 일을 하셨을 것 같습니다.

그러나 오늘 방문한 이유는 바로 67년 전 오늘 한국 전쟁이 발발했기 때문입니다.

그 날도 일요일이었습니다.

I am told that many foreign ministers have
visited U.S. Forces on the Korean peninsula.
But I am told that I am the first to do so on
a day marking out—break of the war.
So I am even more deeply honored that I can
share this morning with all of you.

지금까지 많은 외교부 장관님들께서 주한 미군
부대를 방문하셨다고 알고 있습니다.
그러나 한국 전쟁이 발발한 날의 방문은 제가
처음이라고 들었습니다.
그래서 여러분들과 이 아침을 함께 하게 된 것
이 더욱 영광스럽습니다.

During the war, the U.S. Forces fought valiantly.

It successfully carried out a number of missions impossible.

One of them was the well-known Hungnam Evacuation, code-named Christmas Cargo and also known as the Miracle of Christmas.

It is to date the largest evacuation from land by a single ship.

한국전쟁 기간 동안, 미군은 용감하게 싸웠습니다.

미군은 많은 불가능한 임무들을 성공적으로 수행했습니다.

그 중에 하나가 잘 알려진 흥남철수 작전입니다.

이 작전은 또한 작전명 "크리스마스 카고(화물)", 또는 "크리스마스의 기적"으로도 알려져 있습니다.

흥남철수 작전은 지금까지 단일 선박에 의한 가장 큰 철수 작전으로 기록되어 있습니다.

You must also know by now that President Moon's parents were part of the 14,000 refugees who boarded SS Meredith Victory.

When he visits Washington D.C. in a few days, President Moon will invite veterans of the Hungnam Evacuation.

The Republic of Korea will never forget the noble sacrifice made by the U.S. soldiers, sailors, airmen and marines.

문재인 대통령의 부모님 또한 당시 메러디스 빅토리호에 승선했던 1만4천 명의 피난민 중 한 명이었음을 아실 겁니다.

얼마 후에 문 대통령께서 워싱턴을 방문하시게 되는데, 대통령께서는 흥남 철수 작전의 참전용사 분들을 초청하실 것입니다.

우리 대한민국은 결코 미 육·해·공군 및 해병대가 이룬 고귀한 희생을 잊지 않을 것입니다.

In the decades after the Korean War, the ROK−U.S. Alliance has been the guardian of peace and prosperity on the Korean Peninsula.

As the Vice President Pence said during his visit in April, our two countries shed blood together.

We have prospered together. And, most importantly, we will go together.

한국 전쟁 이후 수십 년간 한미 동맹은 한반도 평화와 번영의 수호자가 되어왔습니다.

지난 4월 펜스 미 부통령께서 방한 기간 중에 말씀하신 바와 같이 우리 양국은 함께 피를 흘렸습니다.

우리는 함께 번영해왔으며, 무엇보다 함께 갈 것입니다.

For our two nations to go together, seeking greater peace and prosperity, we must resolve our common threat.

That is rapidly growing threat posed by North Korea's nuclear and missile programs.

Thus, the ROK-US alliance stands at a critical juncture to address this existential threat from North Korea and to ensure durable peace and stability on the Peninsula.

This will be a daunting challenge.

한미가 보다 큰 평화와 번영을 추구하며 함께 가기 위해서는 공동의 위협을 해결해야만 합니다.

그 위협은 바로 급속도로 고도화되고 있는 북한의 핵·미사일 프로그램에 의한 위협입니다.

따라서 한미 동맹은 북한으로부터의 실존적 위협에 대응하고 한반도의 항구적인 평화와 안정을 확보해야 하는 중대한 기로 놓여 있습니다.

이는 힘겨운 문제가 될 것입니다.

But I am confident that we can together overcome it.

With our ironclad, rock—solid alliance and combined defense posture, we can achieve our common goal.

Four days from now, our two Presidents will have their first meeting in Washington D.C.

My President will express his appreciation for the solid ROK—U.S. alliance and your indispensable contribution.

그러나 저는 우리가 그것을 함께 극복할 수 있을 것이고 자신합니다.

우리의 철통같은, 그리고 바위처럼 굳건한 한미 동맹과 연합 방위 태세로써 우리는 공동의 목표를 이룰 수 있습니다.

오늘부터 나흘 뒤, 한미 양국 정상은 워싱턴에서 첫 회담을 가질 것입니다.

문재인 대통령께서는 굳건한 한미 동맹과 없어서는 안 될 여러분들의 기여에 대해 감사를 드릴 것입니다.

Our two leaders will discuss joint strategy on furthering our comprehensive strategic alliance.

They will also be drawing big pictures on how best to address the North Korean nuclear and missile threats.

양국 정상은 우리의 포괄적 전략 동맹을 더욱 발전시킬 수 있는 공동 전략을 논의할 것입니다. 양국 정상은 또한 어떻게 하면 북한의 핵미사일 위협을 가장 잘 다룰 수 있는지에 대한 큰 그림을 그릴 것입니다.

So I am indeed very glad to have made this visit today, which gives me great confidence in our combined defense posture and our great alliance.

You are our heroes and heroines.

2ID Warriors, thank you for your unswerving commitment and devotion.

You are truly second to none. Thank you.

그래서 저는 오늘 이곳을 방문한 것이 매우 기쁘며, 우리의 연합 방위 태세와 위대한 동맹에 대해 더 큰 자신감을 갖게 되었습니다.

여러분들이야 말로 우리의 영웅들입니다.

2사단 장병 여러분, 여러분의 흔들림 없는 의지와 헌신에 감사드립니다. 여러분들은 진정 최고입니다. 감사합니다.